AF229983

DES
CAUSES D'INSURRECTION

DANS LES GRANDES VILLES

ET DES

MOYENS D'Y REMÉDIER.

PARIS,

VINCHON, IMPRIMEUR, RUE J.-J. ROUSSEAU, 8.

—

1849.

DES
CAUSES D'INSURRECTION
DANS
LES GRANDES VILLES.

Paris, Lyon, et quelques autres grandes villes manufacturières de France, ont le triste privilège de produire les émeutes et les révolutions.

Jamais ces deux horribles fléaux, qui tendent à se perpétuer dans nos sociétés, ne trouvent à s'enraciner dans les campagnes.

Poser vis-à-vis l'un de l'autre ces deux faits qui sont hors de toute espèce de contestations, c'est appeler les méditations des hommes qui ne s'arrêtent pas à la surface des évènements, comme de ceux qui ont pour but ou pour mission de donner jour à toute amélioration, à toute idée qui pourrait effacer de notre histoire à venir le mot de guerre civile.

En effet, on se demande tout d'abord quel secret motif peut pousser le travailleur des grandes villes à être si turbulent, tandis que celui des campagnes est si calme, si généralement rempli d'esprit d'ordre.

Le hasard seul ne peut avoir fait que l'un se plaise à détruire, tandis que l'autre se plaise à édifier ; la nature n'a certainement pas à l'avance donné une organisation pacifique et prévoyante à celui qui est resté dans ses champs pour travailler à produire la nourriture des hommes, tandis qu'elle aurait doté d'une autre organisation celui que le hasard seul a le plus souvent jeté dans les grandes villes, pour y travailler à confectionner les étoffes, les vêtements et autres objets à l'usage de ses semblables.

L'homme ne peut pas avoir intérêt au désordre ; il ne peut pas se transformer en tapageur constamment irascible, uniquement parce qu'il habite une grande cité ; il ne peut pas, en un mot, être homme de désordre parce qu'il respire l'air de la ville, homme d'ordre parce qu'il respire l'air de la campagne.

Ces effets ne peuvent indubitablement pas être produits accidentellement ; ils ont une cause normale, un motif immuable qui reproduit périodiquement les mêmes effervescences.

Il faut donc chercher dans ses penchants les causes qui peuvent déterminer ses actions dans les différentes situations au milieu desquelles il peut se trouver placé.

Un des premiers instincts mis dans le cœur de l'homme est *l'amour de la propriété*, et cela dans l'intérêt de sa propre conservation, car *la propriété* c'est pour lui le moyen d'assurer sa nourriture, sa vie et son bien-être.

Le créateur en a donc fait l'un de ses instincts les plus grands.

Le communisme lui-même n'est que l'amour de la propriété, *exagéré*, *déloyal*, inventé par ceux qui ne possèdent pas pour devenir possesseurs, c'est-à-dire satisfaire cet instinct sans efforts, sans travail; mais c'est toujours l'amour de la propriété.

L'escroquerie, le vol, ne sont pas autre chose que l'amour de la propriété chez les organisations vicieuses, impatientes d'acquérir, ou trop paresseuses pour obtenir des droits à la possession.

L'amour de la propriété, l'INTÉRÊT, en un mot, est donc le principal mobile de presque toutes les actions de l'homme.

Il convient dès lors de rechercher quels moyens sont à sa disposition pour satisfaire ce penchant, cet instinct de premier ordre, lorsqu'il se trouve dans les campagnes, ou bien lorsqu'il habite les grandes cités.

Dans les campagnes, la propriété immobilière, la propriété du sol, est divisible à l'infini ; le travailleur, après une année ou deux d'un travail assidu, peut satisfaire ses désirs, il achète une perche, deux perches de terrain; c'est à lui. Il le tourne, le retourne, le caresse ; c'est sa chose, cela fait partie de sa famille, pour ainsi dire. Dès lors, il n'a plus qu'un soin, qu'une pensée : augmenter son champ !... lui faire produire tout ce qu'il peut produire.

Le jour où il est devenu propriétaire, le travailleur s'est fait homme d'ordre, car il a un but, lui ; il continuera à travailler, à vivre économiquement, et, dans dix ou quinze ans, il sera propriétaire d'une petite maison et de plusieurs arpents de terre, qui lui assureront du pain et du repos pour un âge plus avancé.

Malheur donc au turbulent qui viendrait troubler ses calculs ou contester la paisible jouissance de sa propriété.

Mais aujourd'hui, il ne peut en être ainsi dans les villes ; le travailleur n'est pas le moins du monde placé dans les mêmes conditions.

La propriété immobilière n'est pas divisible, conséséquemment elle n'est pas à la portée de sa bourse, de ses premières économies.

L'ouvrier passe au pied de chaque maison, jette un

coup d'œil sur la hauteur des cinq étages; et, sans avoir besoin de faire un long calcul, il baisse la tête et se dit, le cœur serré, cette maison est la propriété du riche, elle vaut 40, 50,000 francs, j'aurais beau travailler nuit et jour, jamais je ne puis avoir l'espoir d'être possesseur d'une propriété de cette importance; puis, avec cette injustice que donne le regret, que donne un désir émoussé : Il y a donc des privilégiés, ajoute-t-il, nous ne sommes pas tous égaux, puisque je ne puis pas arriver à posséder un objet immobilier.

Quant aux terrains, il n'y peut pas songer davantage; l'élévation de leur prix n'est nullement en rapport avec les produits qu'on pourrait tirer du sol; ce n'est qu'une valeur de spéculation destinée aux constructions : cette propriété est encore moins à sa portée.

Le but lui manque donc, le mobile qui fait l'homme d'ordre et le maintient dans cette situation, le lien qui le rattacherait à la société, *la possession,* n'existe pas pour lui : sa mauvaise humeur s'accroît sans cesse, le plus souvent même à son insu, de toute l'aigreur que donne un instinct chaque jour excité, jamais satisfait.

Mais si à cette cause qui, en agissant indirectement, enlève à l'homme toute émulation et l'empêche de s'élever, on ajoute une autre cause, l'abrutissement par l'abus des liqueurs, qui l'abaisse en agissant plus directement, on saura pourquoi une cité manufacturière qui réunit cent cinquante mille ouvriers, trouvera toujours un huitième de cette population, soit trente mille individus, prêt à descendre dans la rue.

En effet, l'ouvrier des cités chez lequel les idées d'ordre et d'économie ne sont pas parfaitement déterminées, ou bien qui n'est pas assez éclairé pour aller verser son épargne dans les caisses de prévoyance établies par le gouvernement ou les particuliers; celui qui n'a que l'instinct de la propriété matérielle, de celle qui peut se toucher, se palper, et c'est le plus grand nombre, celui-là se dit : A quoi bon vivre de privations, puisque je n'arriverai jamais à posséder la plus petite des propriétés au milieu desquelles je vis.

Puis, avec cette légèreté qui caractérise la nation française, je vais faire la noce, se dit-il, je vais m'amuser.

Et il va droit au cabaret; au lieu de travailler six jours de la semaine, il ne travaille que cinq, que quatre; il va à la barrière le dimanche, le lundi, il y dépense le prix de deux journées de travail; il manque à en gagner une autre, qu'importe ; à son point de vue, pourquoi thésauriserait-il ?

Ainsi donc, le travailleur des grandes villes n'a aucun lien qui le rattache à la société, aucun mobile qui l'attire vers l'ordre et la famille : il a, tout au contraire, un mauvais génie, le marchand de vins toléré et patenté du Gouvernement pour l'abrutir et l'éloigner de son intérieur, de sa famille.

Dans cette situation, il n'a nul intérêt au maintien de la tranquillité publique ; il n'a absolument rien à perdre à ce qu'elle soit troublée : il a, tout au contraire, intérêt au désordre, surtout s'il arrive à sa dernière limite, c'est-à-dire au partage, qu'on a soin de lui laisser entrevoir.

Telles sont, à n'en pas douter, quelques unes des principales causes pour lesquelles les grands centres de populations sont le siège des émeutes et des révolutions périodiques, tandis que les campagnes restent constamment calmes.

La cause étant connue, il s'agit maintenant de trouver le remède.

Faire descendre la propriété au niveau de la bourse de l'ouvrier.

Pour cela, rien à créer ; il s'agit d'améliorer.

Une maison dans les villes est un trop gros morceau pour la faible épargne de l'ouvrier. Il faut donc faciliter le morcellement de cette nature de propriété comme on a facilité le morcellement des gros domaines après la révolution de 1789.

Il faut mettre les propriétés urbaines à la portée des plus petites bourses.

Déjà dans plusieurs villes importantes de France, et notamment à Nantes, on peut acheter, non pas une maison tout entière, mais un étage de maison, et cela avec l'autorisation du Code civil, art. 664, qui règle les conditions d'entretien et des réparations entre les différents propriétaires.

Il suffit donc aujourd'hui d'étendre ce droit et cet usage dans les villes, de manière à ce que l'on puisse acheter une chambre, deux chambres; un paragraphe additionnel ajouté à l'art. 664 suffirait pour régler les droits des propriétaires voisins, la mitoyenneté de la cloison.

Dès lors, l'ouvrier des villes pourrait acquérir la chambre dans laquelle il est logé, comme l'ouvrier des champs acquiert le terrain sur lequel il demeure.

Que le Gouvernement veuille bien faciliter le morcellement, et à l'avenir le travailleur des grandes cités aura un but, il pourra devenir propriétaire de sa chambre, puis de celle d'à-côté, et puis il travaillerait avec ardeur ; sa louable ambition serait de devenir propriétaire du tout.

Malheur donc à qui viendrait dans la rue troubler ses calculs et sa paisible jouissance.

Ce citoyen, ainsi ramené dans la voie naturelle, serait la force la plus vive du Gouvernement, le meilleur soldat de l'ordre ; il veillerait dans l'atelier même, il y éclairerait les hommes faciles à entraîner, il en imposerait à ceux qu'on n'arrive jamais à convaincre.

Ainsi donc, par un simple paragraphe ajouté à l'un des articles du Code civil, on créerait une nouvelle catégorie, pour ne pas dire une nouvelle classe de citoyens intéressés au maintien de l'ordre, un nouveau chaînon entre le prolétaire et le bourgeois ; on détruirait cet antagonisme qu'on cherche à entretenir entre le riche et le pauvre, entre le bourgeois et l'ouvrier ; on dessécherait les racines du communisme, là où il est le plus dangereux, c'est-à-dire dans les grandes villes.

En conséquence, une loi qui, mettant en harmonie

l'art. 664 du Code civil (1) avec le nouvel état de choses, serait basée sur les principes suivants :

La division de la propriété immobilière est encouragée.

Tout citoyen pourra acquérir, dans les formes ordinaires, une simple chambre ou un appartement.

Ceux qui d'ici à cinq années useront de cette faculté, seront exempts de l'impôt mobilier pendant dix années, à partir du jour de l'acquisition.

Les contrats d'acquisition seront également exemptés des droits de timbre et d'enregistrement pendant la même période.

Pour jouir du bénéfice des exemptions ci-dessus, l'acquéreur devra justifier qu'il est ouvrier ou employé, et qu'il acquiert de ses propres deniers.

Les cent premiers propriétaires de maisons ayant au

(1) Art. 664. — Lorsque différents étages d'une maison appartiennent à divers propriétaires, si les titres de propriété ne règlent pas le mode de réparations et reconstructions, elles doivent être faites ainsi qu'il suit : le gros mur et le toit sont à la charge de tous les propriétaires, chacun en proportion de la valeur de l'étage qui lui appartient, le propriétaire de chaque étage fait le plancher sur lequel il marche ; le propriétaire du premier étage fait l'escalier qui y conduit, le propriétaire du second étage fait, à partir du premier, l'escalier qui conduit chez lui, et ainsi de suite.

moins quinze chambres qui auront réussi à vendre ainsi la totalité de leurs propriétés, recevront une prime de 100 fr. par chambre vendue.

Les mille premiers ouvriers qui auront ainsi acheté une chambre en vertu de la nouvelle loi, d'ici à une année, recevront une prime de 100 fr. par chambre pour Paris.

Les municipalités des grandes villes sont invitées à faire un fonds destiné à encourager ces acquisitions.

Un paragraphe ajouté à l'art. 664, conçu sur ces bases et qui réglerait en même temps les diverses obligations des copropriétaires entr'eux, serait un grand bienfait pour l'ouvrier des villes, auquel il serait permis à l'avenir de goûter les jouissances de la propriété; un grand bienfait pour l'État, qui y gagnerait en stabilité et en richesse, car bientôt la concurrence des petits capitaux ne tarderait pas à augmenter la valeur de la propriété immobilière urbaine, comme elle a augmenté la valeur de la propriété rurale.

Mais si l'on doit agir sur la cause indirecte du prolétariat, on ne doit pas agir avec moins de fermeté sur la cause indirecte.

Il faut aussi que le marchand de vins, le marchand

de liqueurs, cessent d'empoisonner le travailleur et la société physiquement et moralement.

L'usage du vin est salutaire,

L'abus est criminel ; il attaque la santé, par conséquent la vie de l'homme ;

Il est donc nécessaire de régler l'usage et de supprimer l'abus.

La loi n'a-t-elle pas ses sévérités, des peines contre le pharmacien, lorsqu'il fournit une substance qui aurait sauvé le malade à la dose prescrite, mais qui l'empoisonne à une dose trop forte ?

Il est des abus auxquels on n'ose pas toucher parce qu'ils existent depuis longtemps, comme si un abus pouvait faire acquérir le droit de nuire à la santé publique et d'abrutir le peuple.

N'est-il pas en effet de la plus grande immoralité chez la nation qui se prétend la plus civilisée du monde, de voir sortir des établissements de marchands de vins et liqueurs, des gens ayant perdu le libre usage de la raison et de leurs membres, salir la voie publique et souvent les passants de leurs déjections et de leurs propos obscènes.

Oui, sans doute, l'usage du vin est salutaire, surtout à

l'homme qui travaille rudement ; mais l'abus lui est plus nuisible encore ; le législateur doit donc le protéger contre ses propres écarts, lorsque les conséquences sont également nuisibles à autrui.

C'est surtout à un Gouvernement ferme et décidément résolu à faire le bien, en allant droit au but, c'est à un Gouvernement issu de la volonté de la majorité des citoyens sans exception, qu'il conviendrait de profiter de l'occasion pour présenter une loi qui mît une grande entrave à l'abus du vin et des liqueurs, en rendant à leurs devoirs ces malheureux dont le cœur s'endurcit dans les cabarets, au point de ne plus savoir s'ils ont une famille, au point de dissiper le pain de leurs femmes et de leurs malheureux enfants.

On arriverait à ce but en disposant que :

A partir de 1850, les marchands de vins ou liqueurs ne pourront plus vendre de vins et liqueurs *sur le comptoir*, c'est-à-dire à consommer dans leurs boutiques.

Tout contrevenant serait puni d'une amende de 20 à 200 fr., doublée en cas de récidive dans la même année.

Tout homme sortant ivre sur la voie publique, d'un établissement de marchand de vins, café, auberge ou restaurant, sera puni d'une amende de 10 à 200 fr.

Le chef de l'établissement qui aurait vendu le vin ou les liqueurs, causes de l'enivrement, sera déclaré solidairement responsable de ladite amende.

***

Lorsqu'on a si violemment attaqué la propriété et la famille, il convient peut-être d'en resserrer les liens, de donner à l'ouvrier le moyen certain de devenir propriétaire, de devenir bourgeois par le travail et l'économie, de rendre à leur femme, à leurs enfants, à leur vieux père réduits à la misère, et dont ils devraient être le soutien, ces hommes qui vont perdre dans les cabarets leur moralité et leur santé.

***

La première proposition a pour but de raviver l'amour honnête de la propriété.

La seconde, de resserrer les liens de la famille.

UN ENFANT DU FAUBOURG SAINT-MARCEAU.